Oft sieht man sie schon von weitem. Und in vielen Dörfern und Städten sind sie höher als die anderen Häuser: unsere Kirchen.

Die Menschen, die die Kirchen erbauten, wollten, dass Gott im schönsten und größten Haus wohnen sollte.

Wenn heute Kirchen gebaut werden, so haben sie keinen so hohen Turm mehr. Sie stehen eher zwischen den Häusern der Stadt. Denn Gott lebt mitten unter uns.

Irgendwo im Mauerwerk ist der Grundstein eingemauert. Darauf steht die Jahreszahl der Erbauung der Kirche. Manchmal steht A.D. davor, das heißt Anno Domini, im Jahr des Herrn.

Vieles an einer Kirche ist anders als bei normalen Häusern. Als erstes fällt dir der Kirchturm auf. Kein Kirchturm sieht aus wie der andere.

Es gibt breite Türme, schlanke Türme, spitze Türme, flache Türme, Zwiebeltürme – das sind Türme, deren Dächer wie eine Zwiebel aussehen.

Auf der Turmspitze ist ein Kreuz. Es soll möglichst weit zu sehen sein. Manchmal findet man auf der Kirchturmspitze auch einen Hahn.

Viele nennen den Hahn auf der Kirchturmspitze Wetterhahn, weil er sich im Wind dreht und immer anzeigt, woher der Wind kommt. Doch eigentlich ist der Hahn ein altes christliches Symbol für Wachsamkeit und Mut. Er soll uns daran erinnern, dass wir getauft sind und Christen heißen.

Im Kirchturm hängen Glocken – große und kleine.
Die läuten zu vielen Anlässen.

Sie läuten

traurig zur
Beerdigung

fröhlich zur Hochzeit

feierlich zur Messe

und Taufe.

Manche Leute sagen, die Glocken rufen.

Oft haben die Glocken sogar einen Namen, die Namen von Heiligen. Der Name ist mit einer Widmung in die Glocke mit eingegossen.

Auch diese Glocke hat eine solche Inschrift. Sie ist in lateinischer Sprache geschrieben und lautet: Im Jahr 1885 gegossen, zum Ruhm des Höchsten bestimmt, heiße ich *Regina.*

Die Türen an der Kirche sind groß. Sie heißen auch Portale. Durch sie kommst du in das Haus Gottes. Viele Portale sind reich verziert. Manche haben Bilder aus der Bibel, die Geschichten von Gott und den Menschen erzählen.

Hier ist ein Portal mit mächtigen Löwenköpfen. Löwen sind starke Wächter, und deshalb schmückt ihr Bild häufig die Eingänge von Kirchen und Heiligtümern.

In der Kirche ist es still und kühl. An Festtagen riecht es nach Kerzen und Weihrauch. Oft ist es dunkel im Kirchenraum. Die Fenster sind bunt bemalt und lassen nicht viel Licht durch.

Aber wenn die Sonne durchscheint, leuchtet der ganze Raum. Auch diese Fenster können aus der Bibel erzählen. Sie sind wie ein Bilderbuch für Kinder und Erwachsene.

Schau dir dieses Fenster einmal genau an.

Es ist aus vielen kleinen bunten Scheiben zusammengesetzt. Wie viel Arbeit es gekostet hat, dieses Bild vom Leben im Paradies als Fenster zu gestalten!

Viele Kirchen sind so groß und so schön verziert, dass man zuerst stehen bleiben und staunen muss, wenn man hineingeht. Leicht übersieht man dann das kleine Wasserbecken, das an die Wand gemauert ist oder auf einer kleinen Säule in der Nähe des Eingangs steht. Das ist das Weihwasserbecken.

Mit solchem Wasser werden auch die Kinder getauft. Und wenn wir die Kirche betreten, erinnert uns das Weihwasserbecken an die Taufe. Deshalb tauchen viele Leute die Hand ins Wasser und machen damit ein Kreuzzeichen. Sie sagen damit: Ich bin ein getaufter Christ.

Wasser, Öl,

das weiße Kleid

und die Taufkerze

sind Zeichen
für die Taufe.
Sie bedeuten:

Die Taufe macht dich zu einem neuen Menschen –
zu einem Kind Gottes.

Egal, wo man in der Kirche steht und schaut: Man sieht immer den Altar. Er ist der Mittelpunkt einer Kirche. Alle müssen den Altar gut sehen können, denn hier wird die Heilige Messe gefeiert.

Am Altar betet, singt und segnet der Priester. In der Messe „wandelt" er Wein und Brot. Das Brot nennt man Hostie. Christen glauben, dass dieses Brot nach der Wandlung Jesus Christus selber ist.
Der Altar ist geschmückt mit Altartuch, Blumen und Kerzen. Der ganze Raum strahlt bunt und feierlich.

Der Saum des Altartuches auf dem Bild links ist reich verziert. Schau genau hin. Immer wieder kannst du das Zeichen ☧ erkennen. Es sind griechische Buchstaben, die Buchstaben X (gesprochen wie CH) und P (gesprochen wie R) sind die Anfangsbuchstaben von „Christos“. Viele der ersten Christen vor langer, langer Zeit sprachen griechisch.
Dieses Zeichen steht also für Jesus Christus.

Besonders viele Kerzen und Blumen stehen am Tabernakel. Er sieht aus wie ein kleiner Schrank oder wie ein Tresor mit schweren, wuchtigen Türen.

Bleiben von einer Messe Hostien übrig, werden sie hier im Tabernakel in einem goldenen Kelch aufbewahrt.

Ein kleines rotes Licht neben dem Tabernakel soll daran erinnern, dass Jesus Christus in dieser Kirche selbst da ist.

Dieses Licht brennt Tag und Nacht und heißt deshalb auch „Ewiges Licht".

Die Verzierungen dieses Tabernakels zeigen Ähren und Trauben. Aus dem Korn der Ähren backt man Brot. Aus den Trauben gewinnt man Wein. Bei der Heiligen Messe essen wir „gewandeltes" Brot und die Erwachsenen trinken manchmal auch den Wein. Brot und Wein sind Zeichen dafür, dass Jesus unser Freund und immer bei uns ist.

Überall in der Kirche gibt es Kreuze. Sie erinnern an Jesus, an seinen Tod und seine Auferstehung. Denn Jesus ist grausam an ein Kreuz geschlagen worden und an diesem Kreuz gestorben.

Aber: Alle Christen glauben, dass Jesus nach drei Tagen wieder zum Leben erweckt wurde durch Gott. Gott hat zu ihm gehalten.

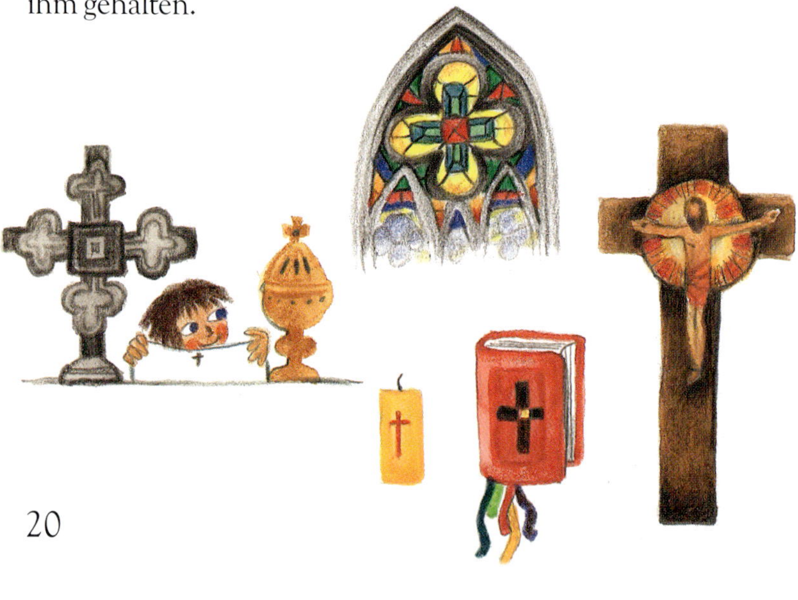

Dieses Kreuz zeigt Jesus mit der Königskrone auf dem Kopf. Die Krone auf dem Kopf von Jesus will sagen: Jesus ist zwar am Kreuz gestorben, aber er ist vom Tod auferstanden und lebt. Er ist der König über den Tod.

Auch die Osterkerze erinnert daran. Jedes Jahr zu Ostern gibt es eine neue Osterkerze. Die Buchstaben auf der Kerze heißen Alpha und Omega und sind der erste und der letzte griechische Buchstabe. Die Zeichen sagen uns: Jesus Christus ist der Anfang und das Ende, und er ist immer bei uns.

An den Wänden der Kirche oder in einer Kapelle erzählen Bilder vom letzten Weg Jesu, dem Kreuzweg:

Wie er ungerecht verurteilt wurde, dann ein schweres Kreuz schleppen musste, wie er am Kreuz gestorben ist. Es gibt viele verschiedene Kreuzwege: Bilder – einfarbige und ganz bunte –, Tafeln aus Holz oder Metall, Figuren, sehr alt oder ganz neu.

Einen Kreuzweg kann man nachgehen. Jedes Bild beschreibt eine Station auf diesem Weg und man kann von Bild zu Bild und von Station zu Station gehen, stehen bleiben, das Bild anschauen und beten. Meistens gibt es vierzehn solcher Stationen.
Die letzte Station erzählt, wie der tote Jesus ins Grab gelegt wird. Nur gut, dass wir wissen, dass Jesus nicht tot geblieben ist!

Über den Kreuzwegstationen siehst du eigenartige Zeichen, wie Buchstaben: ein I oder V oder X.

Das sind römische Zahlen, mit denen die Bilder durchgezählt werden.

Wenn du mehr über das Leben von Jesus erfahren möchtest, kannst du in der Bibel alles nachlesen.

Auch in jedem Gottesdienst werden solche Geschichten vorgelesen. Geschichten von Gott und den Menschen und von Jesus. Das Leben von Jesus ist von vier verschiedenen Schriftstellern aufgeschrieben worden: Matthäus, Markus, Lukas und Johannes. Man nennt sie Evangelisten und ihre Bücher Evangelien.

Wenn im Gottesdienst aus einem dieser Bücher ein Text vorgelesen wird, geschieht dies an einem Lesepult, dem Ambo. Der Ambo ist also der Ort, von dem aus wir Gottes Wort hören.
Der Ambo ist deshalb in vielen Kirchen verziert.

Hier siehst du die Zeichen, die seit langer Zeit als Zeichen der Evangelisten gelten:
Der Engel für Matthäus,
der Löwe für Markus,
der Stier für Lukas,
der Adler für Johannes.

In der Kirche gibt es Bilder und Statuen von Heiligen, manchmal mehr, manchmal weniger. Heilige sind Menschen, an die wir uns gern erinnern und die uns durch ihre Lebensgeschichte schwer beeindrucken. Sie sind für uns Vorbilder; sie haben versucht, nach ihrem Glauben zu leben und für Jesus Christus immer und überall einzustehen. Daran erinnern uns die Heiligenbilder.

Viele von uns sind nach einer Heiligen oder einem Heiligen benannt, z.B.

Klara, Thomas, Anna, Benedikt …

Diese Heilige hier ist Elisabeth.

Elisabeth war eine Königin in Ungarn. Sie hatte sehr viel Mitleid mit armen und kranken Menschen und tat für sie, so viel sie nur konnte. Hier hält sie einen Korb voll Rosen in der Hand. Das erinnert an ein Wunder in ihrem Leben. Und so ist es bei vielen Heiligenbildern: Sie haben etwas in der Hand oder werden mit einem Gegenstand abgebildet, an dem wir sie erkennen können.

Es gibt sehr viele Heilige und natürlich können nicht alle in einer Kirche dargestellt werden. Jedes Land, jede Stadt, selbst jedes Dorf hat einen Heiligen, der dort besonders verehrt wird. In allen katholischen Kirchen der Welt aber kannst du Maria, die Mutter von Jesus, finden.

Oft wird Maria
mit dem kleinen Jesuskind
auf dem Arm dargestellt.

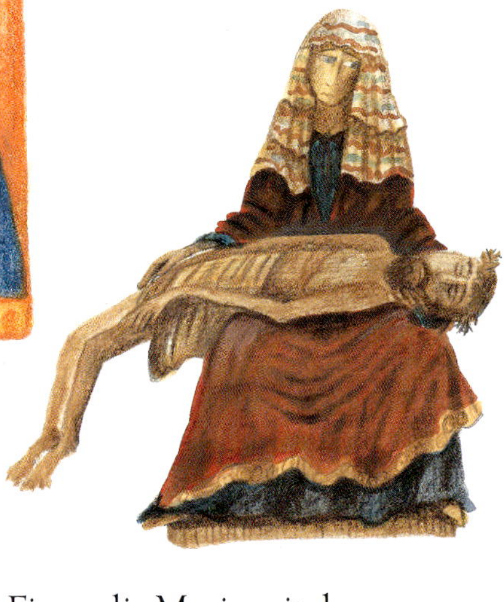

Manchmal gibt es auch eine Figur, die Maria mit dem gestorbenen Jesus auf den Knien zeigt. Diese Darstellung nennt man Pietà.

Immer brennen viele Kerzen vor den Marienbildern.

Die Menschen beten hier besonders gern, sie glauben, dass Maria sie wie kein Mensch sonst versteht. Wenn wir vor einem Heiligenbild oder einer Marienstatue eine Kerze anzünden, möchten wir mit dieser Kerze an uns erinnern, an unser Gebet, unsere Bitten, unsere Sorgen.

Im Altarraum gibt es eine Tür, aus der der Priester und die Ministranten zum Gottesdienst herauskommen. Durch diese Tür kommst du in die Sakristei. Hier gibt es viel Interessantes zu sehen.

Zum Beispiel gibt es dort große Schränke, in denen die Messgewänder für die Priester und auch die Gewänder für die Ministranten aufbewahrt werden. Die Messgewänder sind oft schön verziert und haben unterschiedliche Farben: rot, grün, violett und weiß. Verschiedene Farben werden an verschiedenen Tagen getragen.

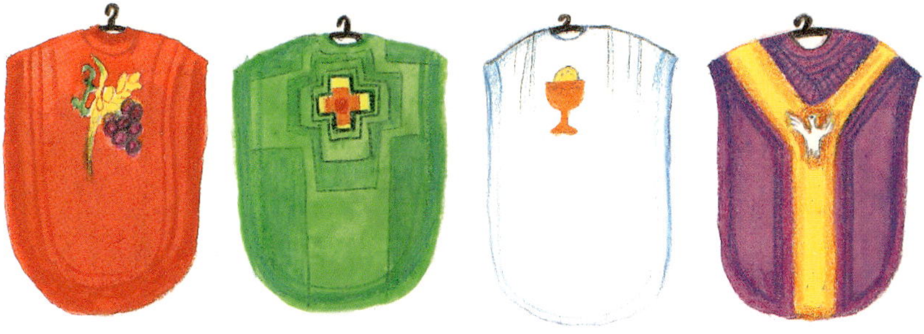

Auf diesem Messgewand siehst du einen Fisch. Doch was soll dieser Fisch auf einem Messgewand? Es klingt merkwürdig, aber dieser Fisch ist ein weiteres Zeichen für Jesus Christus. Der Fisch war ein geheimes Erkennungszeichen aus der Zeit der ersten Christen vor langer, langer Zeit und sehr schlau ausgedacht: Denn das Wort „Fisch“ auf Griechisch, die Sprache der ersten Christen, ist zugleich die Abkürzung für die griechischen Worte: „Jesus Christus, Gottes Sohn, Retter“.

Eigentlich ist für Christen fast jeder Tag ein besonderer Tag: Entweder erinnern wir uns an Heilige, feiern ein Ereignis aus dem Leben Jesu, ein Fest der Gemeinde oder denken an einen Verstorbenen, den wir gern hatten.
Für alle diese Tage gibt es Texte, Gebete und auch Lieder. Diese Gebete und Lieder stehen im Messbuch. Es ist ein dickes, schweres Buch mit vielen bunten Bändchen und Lesezeichen.

Alles, was für einen Gottesdienst benötigt wird, wird in der Sakristei aufbewahrt: Messgewänder, Kerzen und Kerzenständer, Kreuze und Bücher, Wein und Hostien für die Messe, wertvolle Kelche und Öle.

Auf diesem Taufkännchen siehst du eine Taube abgebildet. Die Taube ist ein Zeichen für den Heiligen Geist und erinnert an die Taufe von Jesus. Deshalb findet man in Kirchen auf Gemälden und Wänden oft die Taube, wenn der Heilige Geist gemeint ist.

An großen Festtagen riecht es in der Kirche manchmal eigenartig rauchig. Es ist der Geruch von Weihrauch. Weihrauch kommt aus Afrika und aus dem Orient und sieht wie gelb-bunte oder dunkle Körner aus. Die Körner werden in das Weihrauchfass gestreut, das ist eine Schale mit kleinen glühenden Kohlen. Sofort steigt Rauch aus dem Fass.
Im Gottesdienst tragen und schwenken die Ministranten dieses Fass. Durch das Schwenken wird die Kohlenglut heißer und der Weihrauch verbrennt besser.
Mit Weihrauch wurden früher Fürsten und Könige geehrt. Wir ehren damit Jesus Christus.

Gibt es eine Kirche ohne Menschen? Nein! In der Kirche feiert die Gemeinde: die Kinder und Erwachsenen, die Alten und die Kranken und der Priester den Gottesdienst. Die Leute sitzen, knien oder stehen in den Kirchenbänken. Hier hören sie zu, wenn Lesung und Evangelium vorgelesen werden. Hier singen, beten und feiern sie. Die Kirchenbänke stehen nicht in allen Kirchen in zwei Reihen im Kirchenschiff, das ist der große lange Raum einer Kirche. Aber immer sind die Bänke zum Altar hin ausgerichtet.

Eine Kirche, in der keine Kerze brennt, erscheint kalt und verlassen. Eine Messfeier, in der nicht gesungen wird, wirkt leblos und ein bisschen langweilig. Der Gesang gibt dem Gottesdienst Farbe. Die traurigen Lieder können uns trösten, die frohen Lieder heben unsere Stimmung und bereiten auf Feste vor. Die Liedtexte erzählen vom Leben Jesu, den Heiligen, den Sorgen, Schwächen und Freuden der Menschen.

Die meisten dieser Lieder stehen in einem Buch, das Gotteslob heißt.

Bislang sieht es so aus, als würde in der Kirche nur Messe gefeiert. Doch hier wird auch getauft, finden Hochzeiten statt, es wird für Gestorbene gebetet, Kranke werden getröstet und der Priester hört sich die Sorgen der Menschen an und vieles mehr.
Der Priester tut diese Dinge im Namen von Jesus. Denn eigentlich ist es Jesus, der uns tauft, uns hilft, uns trösten will, heilt und uns vergibt in der Beichte.

Für die Beichte gibt es in einer Ecke der Kirche oder seitlich im Kirchenschiff den Beichtstuhl und oft auch ein Beichtzimmer. Dort sagen die Menschen dem Priester ihre Sünden: alles was er oder sie falsch gemacht hat und was ihr oder ihm Leid tut und was sie gern ungeschehen machen würden. Die Beichte hilft dabei, wieder froh zu werden und manches wieder gut zu machen.

Beichtstühle in alten Kirchen sehen oft aus wie Schränke und es ist sehr dunkel in ihnen. Will man den Priester sehen und direkt mit ihm reden, so geht das im Beichtzimmer viel besser. In einem Beichtstuhl oder in einem Beichtraum gibt es nicht viel zu sehen. Nur eine Art Schal hängt an einem Haken. Das ist die Stola des Priesters, die er umlegt, wenn er etwas im Namen von Jesus Christus tut.

In der Kirche gibt es ein gewaltiges Musikinstrument: die Orgel. Sie wird bei allen Gottesdiensten, zu feierlichen wie auch zu traurigen Anlässen, gespielt. In vielen Kirchen steht die Orgel oben auf einer Empore über dem Kircheneingang. Du kannst sie sehen, wenn du im Kirchenschiff stehst und zum Kirchenportal zurückschaust.
Eine Orgel besteht aus vielen Orgelpfeifen. Die großen, hohen Pfeifen sind für die tiefen Töne, die kleinen für die hohen Töne. Man findet weiße und schwarze Tasten, wie am Klavier, und große Tasten, unten bei den Füßen. Orgel spielt man nämlich mit Händen und Füßen.

Damit sind wir mit unserer Kirchenführung am Ende. Am besten ist es, du schaust dir mit deinen Eltern oder Großeltern, Geschwistern und Freunden deine Kirche noch einmal genau an. Jede Kirche sieht anders aus. Aber immer wenn du in eine Kirche kommst, kannst du fast alle Dinge, die du in diesem Buch siehst, wiederfinden. Lass dir dabei etwas Zeit und schau dich einfach um.
Und wenn du willst, dann kannst du beten:

Lieber Gott,
du liebst uns Menschen und möchtest,
dass wir glücklich sind.
Wir kommen in diese Kirche, um bei dir zu sein:
Wir möchten dir alles sagen, was uns traurig macht
und fröhlich stimmt.
Wir bitten dich:
Gib uns Kraft, deine Kinder zu werden.
Schenk uns Gesundheit, damit wir jeden Tag
spielen können und die Welt kennen lernen.
Gib uns deine Liebe, um anderen von dir zu erzählen.
Lass uns alle glücklich werden in deiner Nähe.
Amen.

Inhalt